처음책방 필사책_2

김영랑 따라쓰기

김영랑 지음
김기태 엮음

처음
책방

지은이 **김영랑**

김영랑(金永郎, 1903.1.16.~1950.9.29.)은 일제강점기부터 해방 공간에 활동한 시인입니다. 본명은 김윤식(金允植)이며 '영랑'은 아호인데 문예지 《시문학(詩文學)》에 작품을 발표하면서부터 사용하기 시작했습니다. 전남 강진에서 부유한 지주 가정에서 태어나 한학을 배우며 자랐습니다. 1915년 강진보통학교를 졸업한 뒤 휘문의숙에 입학하면서 정지용, 이태준 등을 만나 문학에 관심을 갖게 되었다고 합니다. 정지용, 이하윤, 박용철 등과 시문학파를 결성하여 1930년 《시문학》에 시를 발표하면서 본격 등단한 영랑은 관념과 이데올로기에 물들어 있던 당대 문단에서 섬세하게 조탁한 언어로 순수서정시의 새로운 경지를 개척했습니다. 시집으로는 1935년 시문학사에서 펴낸 『영랑시집』과 1949년 중앙문화사에서 간행된 『영랑시선』이 있습니다. 6·25전쟁 때 서울에서 은신하다가 9·28 수복을 하루 앞두고 포탄의 파편에 맞아 세상을 떠났습니다.

엮은이 **김기태**

초판본·창간호 전문서점 및 출판사 [처음책방] 대표
세명대학교 미디어콘텐츠창작학과 교수

처음책방 따라쓰기_2
김영랑 따라쓰기

2025년 3월 1일 초판 1쇄 발행
지은이·김영랑   엮은이 겸 펴낸이·김기태   디자인·안혜선   제작/유통·조전회
펴낸곳·처음책방   신고번호·제407-2024-000007
주소·[17407] 경기도 이천시 진상미로 1523번길 42   전화·070-4141-5766
블로그·blog.naver.com/firstbook2024   인스타그램·instagram.com/1ststudiolo
유튜브·youtube.com/@처음책방   이메일·fbi2024@naver.com
ISBN·979-11-991148-1-4 (03810)

좋은 작품을 읽고 따라 쓰는 일의 즐거움

좋은 작품을 읽는다는 것은 세상의 가장 위대한 사람과 대화를 나누는 일이며,
그것을 따라 쓰는 일은 그 위대한 사람의 마음에 내 마음을 보태는 것입니다.
좋은 작품을 읽고 따라 쓰는 일의 즐거움을 그대에게 선사합니다.

이 책을
_____ 님께 드립니다.

김영랑 따라쓰기
차례

모란이 피기까지는 · 6
가늘한 내음 · 8
언덕에 바로 누워 · 10
5월 · 12
5월 아침 · 14
꿈밭에 봄마음 · 18
그대는 호령도 하실 만하다 · 20
물 보면 흐르고 · 22
낮의 소란소리 · 24
빛깔 환히 · 26
내 마음을 아실 이 · 28
뉘 눈결에 쏘이었소 · 30
내 훗진 노래 · 32
돌담에 속삭이는 햇발 · 34
끝없는 강물 흐르네 · 36
수풀 아래 작은 샘 · 38
쓸쓸한 뫼 앞에 · 40

오-매 단풍 들것네 · 42
청명(淸明) · 44
땅거미 · 48
집 · 50
내 옛날 온 꿈이 · 54
연1 · 56
연2 · 58
제야(除夜) · 60
함박눈 · 62
언 땅 한 길 · 64
북 · 66
바다로 가자 · 68
해가 산마루에 저물어도 · 72
사행시 1~3 · 74
사행시 4~6 · 76
사행시 7~9 · 78
사행시 10~12 · 80

사행시 13~15 · 82
사행시 16~18 · 84
사행시 19~21 · 86
사행시 22~23 · 88
한 줌 흙 · 90
독(毒)을 차고 · 92
불지암(佛地庵) · 94
두견(杜鵑) · 96
춘향(春香) · 100
망각(忘却) · 106

■ 김기태의 초판본 이야기
맑고 깨끗한 서정과 활자미학의
극치를 만나다 · 110

일러두기

- 여기 수록된 작품들은 그동안 세상에 알려진 김영랑의 모든 시 중에서 1956년 정음사 발행 『영랑시선』을 기준으로 골랐으며, 최초 작품 발표 시기와 작품의 유사성 등을 고려해 배열했습니다.
- 표기법은 최초 발표 당시의 원문을 지키되 원문을 해치지 않는 정도에서 현대 표기로 바꾸기도 했습니다. 다만, 그 뜻이 분명하지 않은 경우에는 원문 그대로 표기했습니다.
- 정확한 뜻을 전달하기 위해 간혹 한자(漢字)를 괄호 안에 넣었으며, 띄어쓰기와 외래어 표기는 현재의 표준어 규정을 따랐습니다.
- 표지는 1935년 시문학사 발행 『영랑시집』을 바탕으로 디자인했습니다.

모란이 피기까지는

모란이 피기까지는
나는 아직 나의 봄을 기다리고 있을 테요
모란이 뚝뚝 떨어져 버린 날
나는 비로소 봄을 여읜 설움에 잠길 테요
오월 어느 날 그 하루 무덥던 날
떨어져 누운 꽃잎마저 시들어 버리고는
천지에 모란은 자취도 없어지고
뻗쳐오르던 내 보람 서운케 무너졌느니
모란이 지고 말면 그뿐 내 한해는 다 가고 말아
삼백예순 날 하냥 섭섭해 우옵내다
모란이 피기까지는
나는 아직 기다리고 있을 테요 찬란한 슬픔의 봄을

: 필사기록   년   월   일

가늘한 내음

내 가슴 속에 가늘한 내음
애끈히 떠도는 내음
저녁해 고요히 지는 제
머언 산 허리에 슬리는 보랏빛

오! 그 수심 띤 보랏빛
내가 잃은 마음의 그림자
한 이틀 정열에 뚝뚝 떨어진 모란의
깃든 향취가 이 가슴 놓고 갔을 줄이야

얼결에 여읜 봄 흐르는 마음
헛되이 찾으려 허덕이는 날
뻘 위에 처얼썩 갯물이 놓이듯
얼컥 이는 후끈한 마음

아! 후끈한 내음 내키다 마는
서어한 가슴에 그늘이 도나니
수심 뜨고 애끈하고 고요하기
산허리에 슬리는 저녁 보랏빛

언덕에 바로 누워

언덕에 바로 누워
아슬한 푸른 하늘 뜻없이 바래다가
나는 잊었읍네 눈물 도는 노래를
그 하늘 아슬하여 너무도 아슬하여

이 몸이 서러운 줄 언덕이야 아시련만
마음의 가는 웃음 한 때라도 없드라냐
아슬한 하늘 아래 귀여운 맘 질기운 맘
내 눈은 감기었네 감기었네

5월

들길은 마을에 들자 붉어지고
마을 골목은 들로 내려서자 푸르러진다
바람은 넘실 천 이랑 만 이랑
이랑이랑 햇빛이 갈라지고
보리도 허리통이 부끄럽게 드러났다
꾀꼬리는 여태 혼자 날아볼 줄 모르나니
암컷이라 쫓길 뿐
수놈이라 쫓을 뿐
황금 빛난 길이 어지러울 뿐
얇은 단장하고 아양 가득 차 있는
산봉우리야 오늘 밤 너 어디로 가버리련?

5월 아침

비 개인 5월 아침
혼란스런 꾀꼬리 소리
찬엄(燦嚴)한 햇살 퍼져 오릅내다

이슬비 새벽을 적시울 즈음
두견의 가슴 찢는 소리 피어린 흐느낌
한 그릇 옛날 향훈(香薰)이 어찌
이 맘 홍근 안 젖었으리오만은

이 아침 새 빛에 하늘대는 어린 속잎들 저리 부드러웁고
그 보금자리에 찌찌찌 소리내는 잘새의 발목은 포실거리어
접힌 마음 구긴 생각 이제 다 어루만져졌나 보오
꾀꼬리는 다시 창공(蒼空)을 흔드오
자랑찬 새 하늘을 사치스레 만드오

사향(麝香) 냄새도 잊어버렸대서야
불혹(不惑)이 자랑이 아니되오
아침 꾀꼬리에 안 불리는 혼(魂)이야
새벽 두견이 못 잡는 마음이야
한낮이 정익(靜謚)하단들 또 무얼 하오
저 꾀꼬리 무던히 소년(少年)인가 보오
새벽 두견이야 오―랜 중년(中年)이고
내사 불혹(不惑)을 자랑하던 사람

꿈밭에 봄마음

굽어진 돌담을 돌아서 돌아서
달이 흐른다 놀이 흐른다
하이얀 그림자
은실을 주르르 몰아서
꿈밭에 봄마음 가고 가고 또 간다

: 필사기록 　　　　년　　　월　　　일

그대는 호령도 하실 만하다

창랑(滄浪)에 잠방거리는 흰 물새려냐
그대는 탈도 없이 태연스럽다

마을 휩쓸고 목숨 앗아간
간밤 풍랑도 가소롭구나

아침 날빛에 돛을 높이 달고
청산(靑山)아 보아라 떠나가는 배

바람은 차고 물결은 치고
그대는 호령도 하실 만하다

물 보면 흐르고

물 보면 흐르고
별 보면 또렷한
마음이 어이면 늙으뇨

흰 날에 한숨만
끝없이 떠돌던
시절이 가엾고 멀어라

안쓰런 눈물에 안겨
흐른 잎 쌓인 곳에 빗방울 듣듯
느낌은 후줄근히 흘러들어 가건만

그 밤을 홀히 앉으면
무심코 야윈 볼도 만져보느니
시들고 못 피인 꽃 어서 떨어지거라

: 필사기록   년   월   일

낮의 소란소리

건아한 낮의 소란소리 풍겼는데
금세 퇴락하는 양
묵은 벽지(壁紙)의 내음 그윽하고
저쯤 예사 걸려 있을 희멀끔한 달
한 자락 펴진 구름도 못 말아놓은 바람이어니

묵근히 옮겨 딛는 밤의 검은 발짓만
고되인 넋을 짓밟누나
아! 몇 날을 더 몇 날을
뛰어본다니 날아본다니
허잔한 풍경(風景)을 안고 고요히 선다

빛깔 환히

빛깔 환히
동창에 떠오름을 기다리시는가

아흐레 어린 달이
부름도 없이 홀로 났네

월출동령(月出東嶺)!
팔도사람 다 맞이하소
기척 없이 따르는 마음
그대나 홀히 싸안아주오

내 마음을 아실 이

내 마음을 아실 이
내 혼자 마음 날같이 아실 이
꿈에나 아득히 보이는가……

향 맑은 옥돌에 불이 달아
사랑은 타기도 하오련만
불빛에 연기인 듯 희미론 마음은
사랑도 모르리 내 혼자 마음을……

아! 내 마음을 아실 이
내 혼자 마음 날같이 아실 이
꿈에나 아득히 보이는가……

그래도 어데나 계실 것이면
내 마음에 때때로 어리는 티끌과
속임 없는 눈물의 간곡한 방울방울
푸른 밤 고이 맺는 이슬 같은 보람을
보배인 듯 감추었다 내어드리지

뉘 눈결에 쏘이었소

뉘 눈결에 쏘이었소
왼통 수줍어진 저 하늘빛
담 안에 봉숭아꽃이 붉고
밖의 봄은 벌써 재앙스럽소

꾀꼬리 단둘이 단둘이로다
비인 골짝도 부끄러워
혼란스런 노래로 흰 구름 피어올리나
그 속에 든 꿈이 더 재앙스럽소

내 훗진 노래

그대 내 훗진 노래를 들으실까
꽃은 가득 피고 벌떼 닝닝거리고

그대 내 그늘 없는 소리를 들으실까
안개 자욱히 푸른 골을 다 덮었네

그대 내 흥 안 이는 노래를 들으실까
봄물결은 왜 이는지 출렁거린다

내 소리는 꿰벗어 봄철이 실타리
호젓한 소리 가다가는 쓸쓸한 소리

어슨 달밤 빨간 동백꽃 쥐어따서
마음씨 냥 꽁꽁 주물러 버리네

돌담에 속삭이는 햇발

돌담에 속삭이는 햇발같이
풀 아래 웃음짓는 샘물같이
내 마음 고요히 고운 봄길 위에
오늘 하루 하늘을 우러르고 싶다

새악시 볼에 떠오는 부끄럼같이
시(詩)의 가슴을 살포시 젖는 물결같이
보드레한 에메랄드 얇게 흐르는
실비단 하늘을 바라보고 싶다

끝없는 강물이 흐르네

내 마음의 어딘 듯 한편에 끝없는
강물이 흐르네
돋쳐 오르는 아침 날빛이 뻔질한
은결을 돋우네
가슴엔 듯 눈엔 듯 또 핏줄엔 듯
마음이 도른도른 숨어 있는 곳
내 마음의 어딘 듯 한편에 끝없는
강물이 흐르네

수풀 아래 작은 샘

수풀 아래 작은 샘
언제나 흰 구름 떠가는 높은 하늘만 내어다보는
수풀 속의 맑은 샘
넓은 하늘의 수만 별을 그대로 총총 가슴에 박은 작은 샘
두레박을 쏟아서 동이가 깨지는 찬란한 떼별의 훗는 소리
얽혀져 잠긴 구슬손 결이
웬 별나라 휘흔들어버리어도 맑은 샘
해도 저물녘 그대 종종걸음 훤듯 다녀갈 뿐 샘은 외로워도
그밤 또 그대 날과 샘과 셋이 도른도른
무슨 그리 향그런 이야기 날을 새었나
샘은 애끈한 젊은 꿈 이제도 그저 지녔으리
이밤 내 혼자 내려가볼거나 내려가볼거나

쓸쓸한 뫼 앞에

쓸쓸한 뫼 앞에 호젓이 앉으면
마음은 가라앉은 양금줄 같이
무덤의 잔디에 얼굴을 부비면
넋은 향 맑은 구슬손 같이
산골로 가노라 산골로 가노라
무덤이 그리워 산골로 가노라

오—매 단풍 들것네

"오—매 단풍 들것네"
장광에 골 붉은 감잎 날아와
누이는 놀란 듯이 치어다보며
"오—매 단풍 들것네"

추석이 내일모레 기둘리니
바람이 잦이어서 걱정이리
누이의 마음아 나를 보아라
"오—매 단풍 들것네"

청명(淸明)

호르 호르르 호르르르 가을 아침
취어진 청명을 마시며 거닐면
수풀이 호르르 벌레가 호르르르
청명은 내 머릿속 가슴 속을 젖어 들어
발끝 손끝으로 새어 나가나니

온 살결 터럭끝은 모두 눈이요 입이라
나는 수풀의 정을 알 수 있고
벌레의 예지를 알 수 있다
그리하여 나도 이 아침 청명의
가장 곱지 못한 노래꾼이 된다

수풀과 벌레는 자고 깨인 어린애라
밤새워 빨고도 이슬은 남았다
남았거든 나를 주라
나는 이 청명에도 주리나니
방에 문을 달고 벽을 향해 숨 쉬지 않았느뇨

햇발이 처음 쏟아지면
청명은 갑자기 으리으리한 관(冠)을 쓰고
토르륵 시르르 동백 한 알은 빠지나니
오! 그 빛남 그 고요함
간밤에 하늘을 쫓긴 별살의 흐름이 저러했다

왼소리의 앞소리요
왼빛깔의 비롯이라
이 청명에 포근 취해진 내 마음
감각의 시원한 골에 돋은 한낱 풀잎이라
평생을 이슬 밑에 자리잡은 한낱 버러지로라

: 필사기록   년   월   일

땅거미

가을날 땅거미 아름풋한 흐름 위를
고요히 실리우다 훤뜻 스러지는 것
잊은 봄 보랏빛의 낡은 내음이뇨
임이 사라진 천 리 밖의 산울림
오랜 세월 시달린 으스름한 파스텔

애달픈 듯한
좀 서러운 듯한

오! 모두 다 못 돌아오는
먼— 지난날의 놓친 마음

집

내 집 아니라
늬 집이라
날으다 얼른 돌아오라
처마 난간(欄干)이
늬들 가여운 소식임을 지음(知音)터라

내 집 아니라
늬 집이라
아배 간 뒤 머언 날
아들 손자 잠도 깨우리
문틈 사이 늬는 몇 대째 서러워 우느뇨

내 집 아니라
늬 집이라
하늘 날으던 은행잎이
좁은 마루 구석에 품인 듯 안겨든다
태고(太古)로 맑은 바람이 거기 살았니라

오! 내 집이라
열 해요 스무 해를
앉았다 누웠달 뿐
문밖에 바쁜 손이
길 잘못들어 날 찾아오고

손때 살내음도 저렸을 난간이
흔히 나를 앓고 한가하다
한두 쪽 흰 구름이 사라지는데
한두엇 저질러논 부끄러운 짓
파아란 하늘처럼 아슨풀하다

: 필사기록 　　　년　　월　　일

내 옛날 온 꿈이

내 옛날 온 꿈이 모조리 실리어간
하늘갓 닿는 데 기쁨이 사신가

고요히 사라지는 구름을 바래자
헛되나 마음 가는 그곳뿐이라

눈물을 삼키며 기쁨을 찾노란다
허공은 저리도 한없이 푸르름을

엎드려 눈물로 땅 위에 새기자
하늘갓 닿는 데 기쁨이 사신다

: 필사기록 　　　 년 　　 월 　　 일 　　　　　　　　55

연1

내 어린 날!
아슬한 하늘에 뜬 연같이
바람에 깜박이는 연실같이
내 어린 날! 아슨풀하다

하늘은 파―랗고 끝없고
편편한 연실은 조매롭고
오! 흰 연 그 새에 높이
아실아실 떠놀다 내 어린 날!

바람 일어 끊어지던 날
엄마 아빠 부르고 울다
희끗희끗한 실낱이 서러워
아침 저녁 나무 밑에 울다

오! 내 어린 날 하얀 옷 입고
외로이 자랐다 하얀 넋 담고
조마조마 길가에 붉은 발자욱
자욱마다 눈물이 고이였었다

: 필사기록   년   월   일

연2

좀평나무 높은 가지 끝에 다아 해진
흰 실낱을 남은 몰라도
보름 전에 산을 넘어 멀리 가버린 내 연의
한 알 남긴 설움의 첫씨
태어난 뒤 처음 높이 띄운 보람 맛본 보람
안 끊어졌드면 그럴 수 없지
찬바람 쐬며 콧물 흘리며 그 겨우내
그 실낱 치어다보러 다녔으리
내 인생이란 그때버텀 벌써 시든 상싶어
철든 어른을 뽐내다가도 그 실낱같은 병의 실마리
마음 어느 한구석에 도사리고 있어 얼씬거리면
아이고! 모르지
불다 자는 바람 타다 꺼진 불똥
아! 인생도 겨레도 다아 멀어지더구나

: 필사기록　　　년　　월　　일

제야(除夜)

제운 밤 촛불이 찌르르 녹아버린다
못 견디게 무거운 어느 별이 떨어지는가

어둑한 골목골목에 수심은 떴다 가라앉았다
제운 밤 이 한밤이 모질기도 하온가

희뿌연 종이등불 수줍은 걸음걸이
샘물 정히 떠붓는 안쓰러운 마음결

한해라 그리운 정을 모으고 쌓아 흰 그릇에
그대는 이 밤이라 맑으라 비사이다

: 필사기록   년   월   일

함박눈

바람이 부는 대로 찾아가오리
홀린 듯 기약하신 님이시기로
행여나! 행여나! 귀를 쫑긋이
어리석다 하심은 너무로구려

문풍지 설움에 몸이 저리어
내리는 함박눈 가슴 해어져
헛보람! 헛보람! 몰랐으료만
날더러 어리석단 너무로구려

언 땅 한 길

언 땅 한 길 파도 파도
괭이는 아프게 맞치더라
언—대로 묻어두기 불쌍하기사
봄 되어 녹으면 울며 보채리

두 자 세 치를 눈이 덮여도
뿌리는 얼씬 못 건드려
대 죽고 난 이 삼월 파르스름히
풀잎은 깔리네 깔리네

북

자네 소리하게 내 북을 잡지
진양조 중머리 중중머리
엇머리 자진머리 휘몰아 보아

이렇게 숨결이 꼭 맞아서만 이룬 일이란
인생에 흔치 않아 어려운 일 시원한 일

소리를 떠나서야 북은 오직 가죽일 뿐
헛 때리면 만갑(萬甲)이도 숨을 고쳐 쉴밖에

장단(長短)을 친다는 말이 모자라오
연창(演唱)을 살리는 반주(伴奏)쯤은 지나고
북은 오히려 컨덕터―요

떠받는 명고(名鼓)인데 잔가락을 온통 잊으오
떡 궁! 동중정(動中靜)이요 소란 속에 고요 있어
인생이 가을같이 익어가오

자네 소리하게 내 북을 치지

: 필사기록   년   월   일

바다로 가자

바다로 가자 큰 바다로 가자
우리 인젠 큰 하늘과 넓은 바다를 마음대로 가졌노라
하늘이 바다요 바다가 하늘이라
바다 하늘 모두 다 가졌노라
옳다 그리하여 가슴이 뻐근치야
우리 모두 다 가졌구나 큰 바다로 가졌구나

우리는 바다 없이 살았지야 숨 막히고 살았지야
그리하여 쪼여들고 울고불고 하였지야
바다 없는 항구 속에 사로잡힌 몸은
살이 터져나고 뼈 튕겨나고 넋이 흩어지고
하마터면 아주 꺼꾸러져 버릴 것을
오! 바다가 터지도다 큰 바다가 터지도다

쪽배 타면 제주(濟州)야 가고오고
독목선(獨木船) 왜(倭)섬이사 갔다 왔지
허나 그게 바달러냐
건너뛰는 실개천이라
우리 삼년 걸려도 큰 배를 짓잤구나
큰 바다 넓은 하늘을 우리는 가졌노라

우리 큰 배 타고 떠나가잤구나
창랑(滄浪)을 헤치고 태풍(颱風)을 걷어차고
하늘과 맞닿은 저 수평선(水平線) 뚫으리라
큰 호통하고 떠나가잤구나
바다 없는 항구에 사로잡힌 마음들아
툭 털고 일어서자 바다가 네 집이라

우리들 사슬 벗은 넋이로다 풀어놓인 겨래로다
가슴엔 잔뜩 별을 안으려마
손에 잡히는 엄마별 아가별
머리엔 끄득 보배를 이고 오렴
발아래 쫙 깔린 산호요 진주라
바다로 가자 우리 큰 바다로 가자

해가 산마루에 저물어도

해가 산마루에 저물어도
내게 두고는 당신 때문에 저뭅니다.

해가 산마루에 올라와도
내게 두고는 당신 때문에 밝은 아침이라고 할 것입니다.

땅이 꺼져도 하늘이 무너져도
내게 두고는 끝까지 모두 다 당신 때문에 있습니다.

다시는, 나의 이러한 맘뿐은, 때가 되면,
그림자같이 당신한테로 가오리다.

오오, 나의 애인(愛人)이었던 당신이여.

사행시(四行詩)

1
님 두시고 가는 길의 애끈한 마음이여
한숨쉬면 꺼질 듯한 조매로운 꿈길이여
이 밤은 캄캄한 어느 뉘 시골인가
이슬같이 고인 눈물을 손끝으로 깨치나니

2
허리띠 매는 시악시 마음실같이
꽃가지에 은은한 그늘이 지면
흰 날의 내 가슴 아지랑이 낀다
흰 날의 내 가슴 아지랑이 낀다

3
풀 위에 맺어지는 이슬을 본다
눈썹에 아롱지는 눈물을 본다
풀 위엔 정기가 꿈같이 오르고
가슴은 간곡히 입을 벌린다

4
좁은 길가에 무덤이 하나
이슬에 젖이우며 밤을 새인다
나는 사라져 저 별이 되오리
뫼 아래 누워서 희미한 별을

5
밤 사람 그립고야
말없이 걸어가는 밤 사람 그립고야
보름 넘은 달그리매 마음아이 서어로아
오랜 밤을 나도 혼자 밤 사람 그립고야

6
숲향기 숨길을 가로막았소
발 끝에 구슬이 깨이어지고
달 따라 들길을 걸어다니다
하룻밤 여름을 새워버렸소

7
저녁때 저녁때 외로운 마음
붙잡지 못하여 걸어다님을
누구라 불러주신 바람이기로
눈물을 눈물을 빼앗아 가오

8
무너진 성터에 바람이 세나니
가을은 쓸쓸한 맛뿐이구려
희끗희끗 산국화 나부끼면서
가을은 애달프다 속삭이느뇨

9
산골을 놀이터로 크는 시악시
가슴속은 구슬같이 맑으련마는
바라뵈는 먼 곳이 그리움인지
동우 인 채 산길에 섰기도 하네

: 필사기록　　　　년　　　월　　　일

10
그 색시 서럽다 그 얼굴 그 동자가
가을하늘 가에 도는 바람 섞인 구름조각
핼쑥하고 서느라워 어데로 떠갔으랴
그 색시 서럽다 옛날의 옛날의

11
떠내려가는 마음의 파름한 길을
꿈이런가 눈 감고 헤아리려니
가슴에 선뜻 빛깔이 돌아
생각을 끊으며 눈물 고이며

12
다정히도 불어오는 바람이기에
내 숨결 가부엽게 실어보냈소
하늘갓을 스치고 휘도는 바람
어이면 한숨만 몰아다 주오

13
뵈지도 않는 입김의 가는 실마리
새파란 하늘 끝에 오름과 같이
대숲의 숨은 마음 기어 찾으려
삶은 오로지 바늘 끝까지

14
미움이란 말속에 보기 싫은 아픔
미움이란 말속에 하찮은 뉘우침
그러나 그 말씀 씹히고 씹힐 때
한 꺼풀 넘치어 흐르는 눈물

15
밤이면 고총 아래 고개 숙이고
낮이면 하늘 보고 웃음 좀 웃고
너른 들 쓸쓸하여 외론 할미꽃
아무도 몰래 지는 새벽 지친 별

16
그밖에 더 아실 이 안 계실거나
그이의 젖은 옷깃 눈물이라고
빛나는 별 아래 애달픈 입김이
이슬로 맺고 맺히었음을

17
빈 포케트에 손 찌르고 폴 베를렌 찾는 날
온몸이 흐렁흐렁 눈물도 찔끔 나누나
오! 비가 이리 쫄쫄쫄 나리는 날은
설은 소리 한 천 마디 외웠으면 싶어라

18
향내 없다고 버리실라면
내 목숨 꺾지나 말으시오
외로운 들꽃은 들가에 시들어
철없는 그이의 발끝에 조을걸

19
언덕에 누워 바다를 보면
빛나는 잔물결 헤일 수 없지만
눈만 감으면 떠오는 얼굴
뵈올 적마다 꼭 한분이구려

20
바람에 나부끼는 갈잎
여울에 희롱하는 갈잎
알 만 모를 만 숨 쉬고 눈물 맺은
내 청춘의 어느 날 서러운 손짓이여

21
뻘은 가슴을 훤히 벗고
개풀 수줍어 고개 숙이네
한낮에 배란 놈이 저 가슴 만졌구나
뻘건 맨발로는 나도 작고 간지럽구나

22
저 곡조만 마저 호동글 사라지면
목 속의 구슬을 물 속에 버리려니
해와 같이 떴다 지는 구름 속 종달은
내일 또 새론 섬 새 구슬 머금고 오리

23
푸른 향물 흘러버린 언덕 위에
내 마음 하루살이 나래로다
보실보실 가을눈이 그 나래를 치며
허공의 속삭임을 들으라 한다

한 줌 흙

본시 평탄했을 마음 아니로다
굳이 톱질하여 산산 찢어놓았다

풍경(風景)이 눈을 흐리지 못하고
사랑이 생각을 흐리지 못한다

지쳐 원망도 않고 산다

대체 내 노래는 어디로 갔느냐
가장 거룩한 것 이 눈물만

아신 마음 끝내 못 빼앗고
주린 마음 끄득 못 배불리고

어차피 몸도 피로워졌다
바삐 관(棺)에 못을 다져라

아무려나 한줌 흙이 되는구나

독(毒)을 차고

내 가슴에 독을 찬 지 오래로다
아직 아무도 해한 일 없는 새로 뽑은 독
벗은 그 무서운 독 그만 흩어버리라 한다.
나는 그 독이 선뜻 벗도 해할지 모른다 위협하고

독 안 차고 살아도 머지않아 너 나 마저 가버리면
억만세대(億萬世代)가 그 뒤로 잠자코 흘러가고
나중에 땅덩이 모지라져 모래알이 될 것임을
'허무(虛無)한데!' 독은 차서 무엇 하느냐고?

아! 내 세상에 태어났음을 원망 않고 보낸
어느 하루가 있었던가 '허무한데!' 허나
앞뒤로 덤비는 이리 승냥이 바야흐로 내 마음을 노리매
내 산 채 짐승의 밥이 되어 찢기우고 할퀴우라 네 맡긴 신세임을

나는 독을 차고 선선히 가리라
막음 날 내 외로운 혼(魂) 건지기 위하여

불지암(佛地庵)

그 밤 가득한 산(山) 정기는 기척없이 솟은 하얀 달빛에 모두 쓸리우고
한낮을 향미로우라 울리던 시냇물 소리마저 멀고 그윽하여
중향(衆香)의 맑은 돌에 맺은 금이슬 구을러 흐르듯
아담한 꿈 하나 여승의 호젓한 품을 애끈히 사라졌느니

천년(千年) 옛날 쫓기어 간 신라(新羅)의 아들이냐
그 빛은 청초한 수미산 나리꽃
정녕 지름길 섯드른 흰옷 입은 고운 소년이
흡사 그 바다에서 이 바다로 고요히 떨어지는 별살같이
옆 산모롱이에 언뜻 나타나 앞골 시내로 사뿐 사라지심

승은 아까워 못 견디는 양 희미해지는 꿈만 뒤쫓았으나
끝없는지라 돌여 밝은 날의 남모를 귀한 보람을 품었을 뿐
토끼라 사슴만 뛰어보여도 반드시 기리어지는 사나이 지났었느니

고운 연(輦)의 거동이 있음직한 맑고 트인 날 해는 기우는 제
승의 보람은 이루었느냐 가엾어라 미목청수한 젊은 선비
앞 시냇물 모이는 새파란 소(沼)에 몸을 던지시니라

두견(杜鵑)

울어 피를 뱉고 뱉은 피 도로 삼켜
평생을 원한과 슬픔에 지친 작은 새
너는 넓은 세상에 설움을 피로 새기러 오고
네 눈물은 수천 세월을 끊임없이 흐려놓았다.
여기는 먼 남쪽땅 너 쫓겨 숨음직한 외딴 곳
달빛 너무도 황홀하여 호젓한 이 새벽을
송구한 네 울음 천 길 바다 밑 고기를 놀래이고
하늘가 어린 별들 바르르 떨리겠구나

몇 해라 이 삼경(三更)에 빙빙 도는 눈물을
씻지는 못하고 고인 그대로 흘리웠느니
서럽고 외롭고 여윈 이 몸은
퍼붓는 네 술잔에 그만 지늘꼈느니
무섬 정 드는 이 새벽까지 울리는 저승의 노래
저기 성(城) 밑을 돌아나가는 죽음의 자랑찬 소리여
달빛 오히려 마음 어둘 저 흰등 흐느껴 가신다
오래 시들어 파리한 마음마저 가고 지워라

비탄의 넋이 붉은 마음만 낱낱 시들 피느니
짙은 봄 옥 속 춘향(春香)이 아니 죽였을라더냐
옛날 왕궁(王宮)을 나신 나이 어린 임금이
산골에 홀히 우시다 너를 따라가셨더라니
고금조(古今島) 마주보이는 남쪽 바닷가 한많은 귀향길
천리 망아지 얼넝소리 쇈듯 멈추고
선비 여윈 얼굴 푸른 물에 띄웠을 제
네 한(恨)된 울음 죽음을 흘려 불렀으리라

너 아니 울어도 이 세상 서럽고 쓰린 것을
이른 봄 수풀이 초록빛 들어 물내음새 그윽하고
가는 댓잎에 초생달 매달려 애틋한 밝은 어둠을
너 몹시 안타까워 포실거리며 훗훗 목메느니
아니 울고는 하마 죽어 없으리 오! 불행(不幸)의 넋이여
우지진 진달내 와직 지우는 이 삼경의 네 울음
희미한 줄산(山)이 살풋 물러서고
조그만 시골이 흥청 깨어진다

춘향(春香)

큰 칼 쓰고 옥(獄)에 든 춘향이는
제 마음이 그리도 독했던가 놀래었다
성문이 부서져도 이 악물고
사또를 노려보던 교만한 눈
그는 옛날 성학사(成學士) 박팽년(朴彭年)이
불지짐에도 태연(泰然)하였음을 알았었느니라
오! 일편단심(一片丹心)

원통코 독한 마음 잠과 꿈을 이뤘으랴
옥방(獄房) 첫날밤은 길고도 무서워라
설움이 사무치고 지쳐 쓰러지면
남강(南江)의 외론 혼(魂)은 불리어 나왔느니
논개(論介)! 어린 춘향을 꼭 안아
밤새워 마음과 살을 어루만지다
오! 일편단심

사랑이 무엇이기
정절(貞節)이 무엇이기
그때문에 꽃의 춘향 그만 옥사(獄死)하단 말가

지네 구렁이 같은 변학도(卞學徒)의
흉칙한 얼굴에 까무러쳐도
어린 가슴 달큼히 지켜주는 도련님 생각
오! 일편단심

상하고 멍든 자리 마디마디 문지르며
눈물은 타고 남은 간을 젖어 내렸다
버들잎이 창살에 선뜻 스치는 날도
도련님 말방울 소리는 아니 들렸다
삼경을 새우다가 그는 고만 단장(斷腸)하다
두견이 울어 두견이 울어 남원(南原) 고을도 깨어지고
오! 일편단심

깊은 겨울밤 비바람은 우루루루
피칠해 논 옥창살을 들이치는데
옥죽음한 귀혼(寃鬼)들이 구석구석에 휙휙 울어
청절춘향(淸節春香)도 혼을 잃고 몸을 버려 버렸다
밤 새도록 까무러치고
해 돋을녘 깨어나다
오! 일편단심

믿고 바라고 눈 아프게 보고 싶던 도련님이
죽기 전에 와주셨다 춘향은 살았구나
쑥대머리 귀신얼굴된 춘향이 보고
이도령은 잔인(殘忍)스레 웃었다 저 때문의 정절이 자랑스러워
"우리집이 팍 망해서 상거지가 되었지야"
틀림없는 도련님 춘향은 원망도 안 했느니라
오! 일편단심

모진 춘향이 그밤 새벽에 또 까무러쳐서는
영 다시 깨어나진 못했었다 두견은 울었건만
도련님 다시 뵈어 한을 풀었으나 살아날 가망은 아주 끊기고
온몸 푸른 맥(脈)도 홱 풀려 버렸을 법
출도(出道) 끝에 어사(御史)는 춘향의 몸을 거두며 울다
"내 변가(卞哥)보다 잔인무지(殘忍無智)하여 춘향을 죽였구나"
오! 일편단심

망각(忘却)

걷던 걸음 멈추고 서서도 얼컥 생각키는 것 죽음이로다
그 죽음이사 서른 살 적에 벌써 다 잊어버리고 살아왔는데
웬 노릇인지 요즘 자꾸 그 죽음 바로 닥쳐온 듯만 싶어져
항용 주춤 서서 행길을 호기로히 달리는 행상(行喪)을 보고 있느니

내 가버린 뒤도 세월이야 그대로 흐르고 흘러가면 그뿐이오라
나를 안아 길렀던 산천(山川)도 만년(萬年)한 양 그 모습 아름다워라
영영 가버린 날과 이 세상 아무 가겔 것 없으매
다시 찾고 부를 인들 있으랴 억만영겁(億萬永劫)이 아득할 뿐

산천이 아름다워도 노래가 고왔더라도 사랑과 예술이 쓰고 달콤하여도
그저 허무한 노릇이어라 모든 산다는 것 다 허무하오라
짧은 그동안이 행복했던들 참다웠던들 무어 얼마나 다를라더냐
다 마찬가지 아니 남만 나을러냐? 다 허무하오라

그날 빛나던 두 눈 딱 감기어 명상(瞑想)한대도 눈물은 흐르고
허덕이다 숨 다지면 가는 거지야
더구나 총칼 사이 헤매다 죽는 태어난 비운(悲運)의 겨레이어든
죽음이 무서웁다 새삼스레 뉘 비겁(卑怯)할쏘냐마는 비겁할쏘냐마는
죽는다—고만이라— 이 허망한 생각 내 마음을 왜 꼭 붙잡고 놓질 않느냐

망각하자— 해본다 지난날이 아니라 닥쳐오는 내 죽음을
아! 죽음도 망각할 수 있는 것이라면
허나 어디 죽음이사 망각할 수 있는 것이냐
길고 먼 세기(世紀)는 그 죽음 다 망각하였지만

■ 김기태의 초판본 이야기
맑고 깨끗한 서정과 활자미학의 극치를 만나다

_ 영랑시집(永郎詩集) / 시문학사 / 1935년 11월 5일 발행
_ 영랑시선(永郎詩選) / 정음사 / 1956년 5월 28일 발행

90년 세월을 견디고 나타난, 시문학파 시인 김영랑의 첫 시집

드디어 만났다. 2020년 3월, 격월간 출판전문지 《출판저널》에 연재하기 시작한 '김기태의 초판본 이야기'에서 "나랏말의 운율만을 고르고 있던 이의 선택된 정서들"이란 제목 아래 첫 번째로 다룬 책이 1956년 판 『영랑시선』이었다. 그때만 해도 내가 직접 1935년 판 『영랑시집』을 만나게 되리라고는 꿈에도 생각하지 못했다. 지성이면 감천이라고 했던가. 1948년에 초판이 발행되고 1956년에 재발행된 『영랑시선』이 영랑의 작품 중에서 골라 엮은 것이라는 점에서 『영랑시집』은 어찌 보면 김영랑 시인의 본격시집으로는 유일하다고도 할 수 있다. 하물며 비슷한 시기 같은 출판사에서 『정지용시집』과 앞서거니 뒤서거니 나온 시집이니 더 말해 무엇하랴. 그리고 이 두 시집은 2009년 문화재청에서 근대문학유물로 지정하기도 했다. 이처럼 귀한 시집을 만난 것은 얼마 전 우연한 기회에 고서점을 운영하는 분의 소개 덕분이었다. 더군다나 놀랍게도 90년 세월이 무색하게 고고한 자태를 그대로 간직한 모습이었다.

영랑(永郎) 김윤식(金允植, 1903~1950)은 1903년 1월 16일에 지금의 전라남도 강진(康津)에서 부농(富農)이었던 아버지 김종호(金鍾湖)와 어머니 김경무(金敬武) 슬하의 5남매 중 장남으로 태어났다. 1909년 봄부터 서당에 다니며 한학(漢學)을 익혔고, 1915년 강진보통학교를 졸업한 뒤 14세의 나이에 혼인했으나 1년여 만에 부인과 사별했다. 이처럼 영랑의 생애와 문학에 있어 그의 고향 강진이 차지하는 비중은 절대적이다. 그의 생애 중 7년 정도의 유학 기간과 말년 2년여 동안의 서울 생활을 제외하면 40년 가까운 세월을 고향 강진에 머물면서 서정의 극치를 보여주는 시를 썼으니 말이다.

1916년 2월경 상경하여 1년 남짓 기독청년회관에서 영어를 공부한 영랑은 이듬해 3월 휘문의숙(徽文義塾)에 진학한다. 이때부터 문학에 대한 관심을 가지기 시작했는데, 당시 휘문의숙에는 홍사용(洪思容)·안석주(安碩柱)·박종화(朴鍾和) 등의 선배와 정지용(鄭芝溶)·이태준(李泰俊) 등의 후배, 그리고 같은 학년에 이승만(李承萬) 화백 등이 있어 문학적 안목을 키우는 데 영향을 받은 것으로 보인다. 그렇게 3학년에 재학 중이던 1919년 봄, 영랑은 고향으로 내려가 독립 만세운동을 모의하다 붙잡혀 대구형무소에서 6개월여 옥고를 치렀고, 그 여파로 결국 휘문의숙을 중퇴한다.

1920년 9월 일본 동경 청산학원(靑山學院) 중학부 3학년에 편입학하면서 의미 있는 전환기를 맞게 된다. 이때 그의 문학적 동반자이자 훗날 후원자가 되는 용아(龍兒) 박용철(朴龍喆, 1904~1938)을 만났기 때문이다. 영랑과 용아는 같은 하숙방에서 지내는 동안 각별하게 친해졌다. 1922년 청산학원 인문과에 진학한 영랑은 영문학을 전공하면서 서양문학의 매력에 빠져든다. 특히 존 키츠(John Keats, 1795~1821)와 셸리(Percy Bysshe Shelley, 1792~1822) 같은 낭만주의 시인들의 작품을 탐독했다. 그러나 1923년 9월 1일 관동대지진이 발생하면서 학업을 중단하고 1924년 봄에 귀국하면서 영랑의 일본 유학생활도 막을 내린다.

영랑과 용아의 운명적인 만남, 그리고 시문학파 결성
'영랑'이라는 아호는 문예지 《시문학(詩文學)》에 작품을 발표하면서부터 사용하기 시작했다. 영랑의 시인으로서의 작품활동은 박용철·정지용(鄭芝溶, 1902~1950)·이하윤(異河潤, 1906~1974) 등과 '시문학동인'을 결성하여 1930년 3월에 창간된 《시문학》에 시 「동백잎에 빛나는 마음」·「언덕에 바로 누워」 등 6편과 「사행소곡칠수(四行小曲七首)」를 발표하면서 본격적으로 전개되었다. 이후 《문학》·《여성》·《문장》·《조광(朝光)》·《인문평론》·《백민(白民)》·《조선일보》 등에 80여 편의 시와 역시(譯詩) 및 수필·평문(評文) 등을 발표했다. 다만, 시작품만큼은 모두 《시문학》과 《문학》에 발표된 것이었다. 실제로 영랑의 시작품은 《시문학》에 29편, 《문학》에 8편이 발표됐다. 이렇게 두 잡지에 발표된 37편과 새로 추가된 16편 등 모두 53편의 시가 『영랑시집』이라는 이름으로 1935년 11월 시문학사에서 발행되었다.

이 같은 배경에는 일본 유학시절 영랑과 친해진 용아 박용철이 있었다. 그는 1930년대에 사재를 털어 문예잡지《시문학》통권 3호, 1931년에는 《문예월간(文藝月刊)》통권 4호, 1934년에는《문학(文學)》통권 3호 등 모두 10권의 문학잡지를 간행했다. 또한 용아는 그가 운영했던 출판사 시문학사에서 1935년에 함께 동인활동을 하고 있었던 정지용의 『정지용시집』과 김영랑의 『영랑시집』을 간행함으로써 영랑을 조선시단의 대표시인으로 부각시켰다. 용아 자신 또한《시문학》창간호에 「떠나가는 배」·「밤기차에 그대를 보내고」·「싸늘한 이마」·「비내리는 날」등 5편의 시를 발표하면서 본격적으로 시를 쓰는데, 그 뒤로《문예월간》·《문학》및 여러 잡지에 많은 시작품을 발표했다. 아울러 용아는 『영랑시집』 발행 이전에도 영랑의 시작품 원고를 가지고 다니면서 가까운 문인들에게 촌평을 부탁할 정도로 영랑 시에 각별한 애정을 갖고 있었다고 한다. 이처럼 영랑의 등단과 초기 창작에 기여한 용아의 역할은 거의 절대적이었다.

서정과 활자미학의 극치를 담은 시집, 『영랑시집』의 이모저모
용아가 편집한 영랑의 첫 시집 『영랑시집』은 가로 125mm, 세로 186mm의 크기에 전체 본문 75쪽에 걸쳐 53편의 작품을 싣고 있는 단아한 책자에 불과하지만, 그 속에 담긴 문학사적 의미는 어마어마하게 크다. 특히, 영랑의 초기 시에 해당하는 작품들이 보여주는 서정성은 같은 '시문학동인'이었던 정지용의 감각적 기교와 더불어 당대 우리 문단을 수놓았던 순수시의 극치를 보여주고 있다.
먼저 이 시집은 양장 제책 형식으로 제작되어 재킷이 둘러싸고 있다. 재킷 표지를 보면 지금 보아도 세련된 이미지가 앞표지 오른편 절반 부분부터 뒤표지 왼편 절반 부분까지 이어져 있고, 앞표지에는 왼편에 세로글씨로 '永郎詩集'이란 글자, 즉 시집 제목만이 새겨져 있다. 활자체가 아닌 손으로 쓴 글씨체의 제목이 매우 정갈하게 시선을 사로잡는다.

재킷을 벗기면 양장 표지가 나오는데, 여기에는 오른편에서 왼편으로 향하는 가로글씨로 금박(金箔)의 제목이 새겨져 있다. 그리고 그 아래에 무엇인지 확실하지 않은 이미지가 음각(陰刻)되어 있다. 양장 표지를 넘기면 속표지가 나오는데, 직선으로 구성된 이미지 안에 예의 제목이 출판사를 밝히고 있는 '詩文學社版'이라는 글씨와 함께 세로로 표기되어 있다. 그런데 이번에는 은박(銀箔)으로 표현되어 있어 이 시집을 제작함에 있어 용아가 얼마나 공을 들였는지 짐작케 한다.

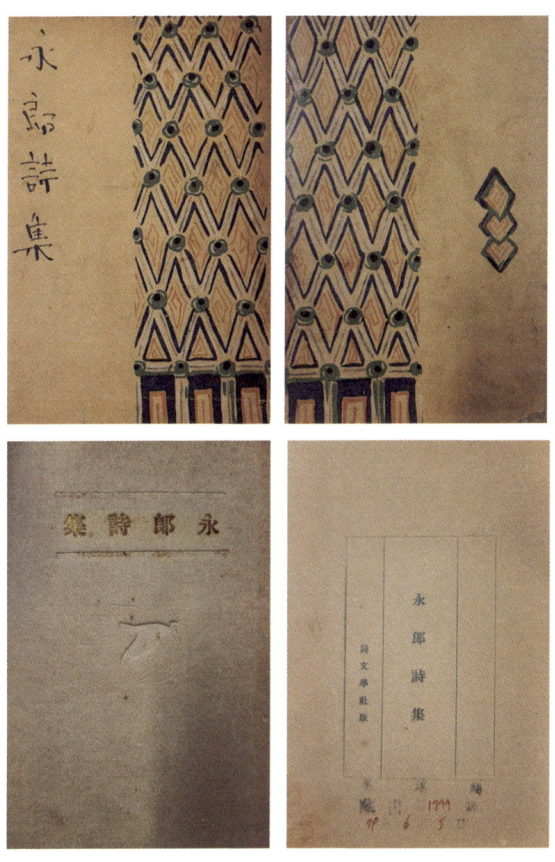

속표지를 넘기면 한 면 전체가 비어 있는 가운데 키츠의 시 중에서 한 구절을 옮겨놓은 것이 눈에 띈다. A thing of beauty is a joy forever.(아름다운 것은 영원한 기쁨이다.) 이는 존 키츠의 장시(長詩) 「엔디미온(Endymion)」의 첫 구절이 아니던가. 그러고 보면 일본 유학 시절 영문학을 전공하면서 낭만주의 시에 심취했던 것이 이 같은 결과로 이어진 것이리라.

A thing of beauty is a joy for ever.
--Keats--

이윽고 본문이 시작되는데 오늘날 타이프 서체 유사한 활자체가 한마디로 정말 예쁘다. 그리고 일반적인 시집과는 달리 이 책에는 차례가 없는 것이 독특하다. 시작품들 또한 제목 없이 일련번호로만 표기되어 있다. 그리하여 맨 처음 등장하는 작품, 즉 1번으로 표기된 작품을 보니 1930년 3월 《시문학》 창간호에 발표되었던, 오늘날에는 「끝없는 강물이 흐르네」로 알려져 있는 시였다. 당시의 표기 그대로 옮겨보면 다음과 같다.

1
내마음의 어딘듯 한편에 끗업는 강물이 흐르네
도처오르는 아츰 날빗이 빤질한 은결을 도도네
가슴엔듯 눈엔듯 또 피ㅅ줄엔듯
마음이 도른도른 숨어잇는곳
내마음의 어딘듯 한편에 끗업는 강물이 흐르네

그다음으로 나오는 2번 시는 「돌담에 속삭이는 햇발같이」라는 제목으로 알려진 시로, 1930년 4월《시문학》제2호에 맨 처음 발표될 때에는 「내 마음 고요히 고흔 봄길 우에」라는 제목이었다.
그리고 오늘날 영랑의 시 가운데 「모

란이 피기까지는」이라는 제목으로 가장 유명하면서 가장 많이 낭송되고 있는 작품은 45번에 배치되어 있다. 이 작품은 원래 1934년 4월 《문학》 제3호에 처음 발표되었던 것인데, 이 시집에 실려 있는 것을 원문 그대로 옮기면 다음과 같다.

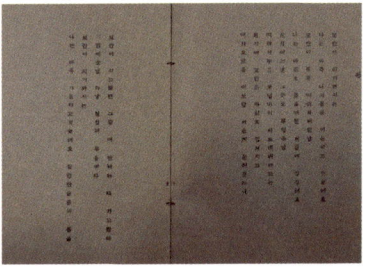

45
모란이 피기까지는
나는 아즉 나의봄을 기둘리고 잇슬테요
모란이 뚝뚝 떠러져버린날
나는 비로소 봄을여흰 서름에 잠길테요
五月어느날 그하로 무덥든날
떠러져누은 꼿닙마져 시드러버리고는
천지에 모란은 자최도 업서지고
뻐쳐오르든 내보람 서운케 문허졋느니
모란이 지고말면 그뿐 내 한해는 다 가고말아
三百예순날 하냥 섭섭해 우옵내다
모란이 피기까지는
나는 아즉 기둘리고잇슬테요 찬란한슬픔의 봄을

이렇게 시집을 넘기다 보면 이윽고 마지막 시편에 이르게 되는데, 이 시집의 대미를 장식하는 53번을 달고 있는 작품은 「청명」이라는 제목으로 알려져 있는 것이다.
여기서 '청명'은 24절기 중 하나인 '청명(淸明)'이 아니라 '푸른 하늘' 곧 청천(靑天)을 가리키는 '청명(靑冥)'인 것으로 보이는데, 특별히 출전을 찾을 길이 없으니 새로 추가된 작품인 듯하다. 이 작품은 각 5행씩 5연으로 이루어져 비교적 긴 호흡을 보여주는데, "호르 호르르 호르르르 가을아참/취여진 청명을 마시며 거닐면/수풀이 흐르르 버레가 호르르르/청명은

115

내머리속 가슴속을 저져들어/발끝 손끝으로 새여나가나니"로 시작하여 "왼소리의 앞소리오/왼빛갈의 비롯이라/이청명에 포근 췩여진 내마음/감각의 낯닉은 고향을 차젓노라/평생 못 떠날 내 집을 드럿노라"로 끝난다. 그런데 1956년 정음사에서 출판된 『영랑시선』에서는 마지막 연의 "감각의 낯닉은 고향을 차젓노라"가 "감각의 시원한 골에 돋은 한낫 풀잎이라"로 바뀌었고, "평생 못 떠날 내 집을 드럿노라"는 "평생을 이슬 밑에 자리잡은 한낫 버러지로라"로 바뀌어 있다.

마지막 시편이 끝나면 그다음 장에 간기면이 나온다. 그런데 간기면 디자인 또한 범상치 않다. 그 시절에 활자만으로 이토록 간결하고도 깔끔한 체재라니. 모두 세로쓰기 한자 표기로 상하 끝맞춤 편집인데, 먼저 '김윤식'이 지은 '영랑시집'이라는 표기를 필두로 '소화10년(1935년) 10월20일'에 인쇄하고 '소화10년 11월 5일'에 발행했다는 표기가 이어진다. 그리고 '저작 겸 발행자'로 '경성부 적선동 169번지'의 '박용철'임을, 인쇄소는 '경성부 견지동 32번지'에 있는 '한성도서주식회사'이며 인쇄인은 '김진호'라는 사람임을 밝히고 있다. 끝으로 발행처는 발행인과 같은 주소에 있는(아마도 용아의 자택인 듯하다) '시문학사'이며, 우편대체구좌(진체구좌) 번호와 함께 책값은 '1원', 총판매소는 인쇄소와 같은 한성도서주식회사임을 나타내고 있다. 다만, 인지(印紙)는 붙어 있지 않다.

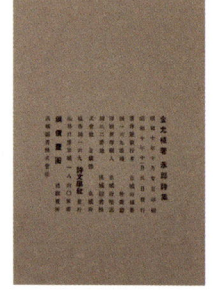

이로써 이 시집을 편집하고 발행한 용아의 숨긴 뜻을 조금이나마 짐작할 수 있거니와, 아마도 독자들로 하여금 각각의 시편이 지닌 작품마다의 개별적 의미에 갇히지 말고 53편의 시가 지닌 순수한 서정의 흐름을 끊김 없이 느껴보라는 무언의 배려가 아니었을까. 발행인 용아의 기획 의도대로 이 시집을 처음부터 끝까지 단숨에 읽는다면 평론가 이숭원의 말마따나 "마음의 정결한 내면성에서 출발하여 애잔한 슬픔과 외로움의 심정을 거쳐 간곡한 기다림과 눈물의 정한과 청명한 자연회귀로 끝을 맺는" 편집의 절묘함과 더불어 영랑의 시세계를 만끽하기에 부족함이 없을 듯하다.

나아가 앞서 펴낸 『정지용시집』의 편집 디자인을 그대로 유지한 것도 용아의 안목일 것이다.

미당 서정주와의 만남, 그리고 『영랑시선』

용아 박용철과 함께 영랑의 문학적 생애와 관련하여 지나쳐서는 안 되는 또 한 명의 인물은 미당(未堂) 서정주(徐廷柱, 1915~2000)다. 1936년 가을에 영랑은 훗날 그의 문학을 가장 잘 이해하고 높이 평가한 미당을 처음 만나게 된다. 당시로서는 무명이나 다름없었던 20대 초반의 미당이 문학잡지 《시인부락(詩人部落)》 발간에 대해 자문을 구하기 위해 이미 잡지 편집인으로 유명했던 용아의 집을 찾게 되는데, 그 자리에서 영랑을 만났다.

정지용과 더불어 시문학파를 대표할 만한 시인으로서 첫 시집도 발행한 영랑이었지만, 기실 영랑은 비평가들의 관심을 거의 끌지 못했다. 해방 후에야 비로소 미당이 그동안 눈 밝은 비평가와 독자를 만나지 못하고 있었던 영랑의 작품에 새로운 문학적 가치를 부여함으로써 문단의 관심을 이끌어냈던 것이다. 이 같은 후배 미당의 노력을 고맙게 여겼기 때문일까, 1949년 봄에 영랑은 미당을 직접 찾아가서 자신의 시선집을 추려 주고 발문(跋文)도 써줄 것을 부탁했다고 한다. 그 결과 그해 10월 하순 중앙문화사에서 『영랑시선』이 나오게 된다.

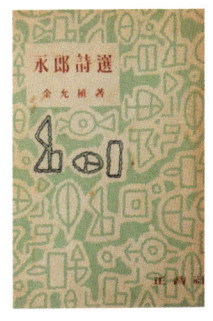

한편, 영랑은 비록 8개월 남짓한 공직생활이었지만 1949년 8월에 당시 이승만 대통령의 공보비서로 있었던 친구 김광섭(金珖燮, 1905~1977) 시인의 추천으로 공보처 출판국장에 취임하기도 했다. 그러다가 1950년 6월, 전쟁이 터지자 미처 피난을 떠나지 못한 영랑은 9월 27일 퇴각하는 북한군이 쏜 포탄 파편에 맞아 29일 세상을 떠나고 말았다. 영랑의 나이 불과 47세였다. 영랑은 생전에 모두 86편의 시를 남겼는데, 1949년 판 『영랑시선』에는 그때까지 쓴 시들 중에서 영랑 스스로 선별한 시 60편이 실려 있다. 책이 나온 이듬해 전쟁이 터지는 바람에 그대로 사라질 뻔했던 것을 미당과 평론가 이헌구(李軒求, 1905~1983)가 지형(紙型)을 되찾아 정음사에서 다시 발행한 것이 바로 1956년 판 『영랑시선』이다. 미당의 발문에 이어 서문 형식으로 이헌구의 '재판(再版)의 서(序)에 대(代)하여'라는 글을 보면 1956년 판 『영랑시선』의 발간 경위를 들여다볼 수 있는데, 이 글에서 "우리의 향 맑은 옥돌과도 같으며 소박하고도 현란한 언어미의 여운이 담뿍 풍겨지는 형의 시가 다시금 이 세상에 알려지게 되는 것을 우리 문단뿐 아니라 장래의 많은 시학도(詩學徒)를 위하여 감격하며 기뻐 자랑하지 않을 수 없는 바이다"라고 적고 있다.

돌이켜보건대, 영랑은 30년 동안 시를 썼음에도 100편이 되지 않을 정도로 과작(寡作)이었고, 일제강점기와 광복에 이르는 기간 동안 수많은 문사(文士)들이 이름을 떨쳤지만, 영랑은 동경 유학에서 돌아와 호젓이 고향집을 지켰다. 발문에서 미당 서정주 시인이 영랑의 일생을 머금은 『영랑시선』을 가리켜 "여기 저 일제 30여 년 동안의 온갖 유명(有名)을 회피하고 숨어서 이 나랏말의 운율(韻律)만을 고르고 있던 이의 선택된 정서들을 조용히 보라."고 읊조린 까닭도 더욱 선명해졌다.

1935년에 나온 『영랑시집』에는 없지만, 1956년 판 『영랑시선』의 표지 다음에 나오는 면지를 넘기면 '찬란한 슬픔의 봄'을 마흔일곱 번 넘긴 영랑의 초상(肖像)이 있다. 오랜만에 다시 보는 모습이지만 여전히 슬픈 표정을 감추지 않고 있는 영랑의 눈빛을 앞으로도 오래도록 잊을 수 없을 듯하다.

***
우리 국민시인 김영랑 시인과의 동행이 끝났습니다.
따라쓰기 여정을 마무리하면서 느낀 점이나 김영랑 시인에게 하고 싶은 말을 뒷면에 나오는 엽서에 편지로 써보세요. 김영랑 시인과 마음을 합친 아름다운 인연이 오래도록 당신을 기분 좋게 해주는 행복한 기억으로 남아 있기 바랍니다.

아래의 엽서에 편지를 작성한 다음 촬영한 이미지 파일을
이메일(fbi2024@naver.com)로 보내주시면
초판본 · 창간호 전문서점 및 출판사 [처음책방] 공식 블로그에 게시하고,
책방지기가 고른 책 한 권을 보내드리겠습니다.